ORACIONES A LOS SANTOS
ARCANGELES
MIGUEL, GABRIEL Y RAFAEL
Cada cual con sus Plegarias, Novena, Coronilla y Letanías

PADRE MANUEL RIVERA

LIBRO PARA ORAR

Libro CATÓLICO

ÍNDICE

INTRODUCCIÓN

Los católicos tan sólo veneramos a tres Santos Arcángeles porque sólo de tres nos hablan las Sagradas Escrituras diciéndonos sus nombres: San Miguel, San Gabriel y San Rafael. Otros listados son muy respetables, pero ni son católicos ni tienen fundamento en la Palabra de Dios.

De San Miguel vamos a destacar que fue quien capitaneó a los ángeles que decidieron permanecer fieles a Dios cuando Satanás clamó su "non serviam" ("no serviré") y quiso ocupar el trono del Altísimo. San Miguel, al grito de: "¡Quién como Dios!" Derrotó a los ángeles rebeldes arrojándolos al Infierno. Será nuestro gran aliado junto a nuestro Santo Ángel Custodio para derrotar a nuestro Enemigo cuando pretenda apartarnos de Dios.

San Gabriel fue el encargado de anunciar a Isabel y Zacarías que serían los padres, a pesar de su vejez, del Precursor del Mesías, de San Juan Bautista. Seguidamente sería quien anunciaría a la Santísima Virgen que había sido escogida para ser la Madre de Dios sin que obrara intervención de varón... En un hermoso diálogo que recordamos cada vez que rezamos el Ave María.

San Rafael, Medicina de Dios, condujo en el Antiguo Testamento a Tobías hasta la que sería su esposa, Sara, a la que libró de la maldición del demonio Asmodeo, por la que ningún marido sobreviviría a la noche de bodas. También curó la ceguera de Tobit, padre de Tobías. A ambos curó con los despojos de un pez, destinando a aquella el corazón y el hígado y a éste la hiel.

Aunque sus fiestas se celebraban en días distintos, pasaron a unificarse –como criterio general, salvo contadas excepciones por su arraigada tradición en ciertos lugares- el día 29 de septiembre, recalcando así que son tres los que reciben apropiadamente culto católico de dulía, esto es: De veneración.

Recordemos que los Santos Arcángeles, al igual que los demás ángeles, son seres espirituales y personales, existiendo tres tipos de personas: Las divinas (Dios Padre, Hijo y Espíritu Santo), las angélicas (que incluirían a los ángeles fieles y a los ángeles caídos), y las humanas, por lo que los santos ángeles desean, como Dios y los santos, un trato personal de nuestra parte. Que este libro pueda ayudar a tan noble fin.

PADRE MANUEL RIVERA

ORACIONES EN HONOR
DEL ARCÁNGEL
SAN MIGUEL

SÚPLICA DE PROTECCIÓN

Glorioso Arcángel San Miguel,
Príncipe de la Milicia Celestial,
a quien pedimos que arrojes al Infierno
con el poder divino a Satanás
y a los otros espíritus malignos
que andan dispersos por la Tierra
empeñados en confundir nuestras almas
hasta perderlas en el mundo presente
y así arruinarlas para siempre
en la vida la venidera.

Acoge mi ruego por la humanidad entera,
en particular por las almas más vulnerables,
por aquellas cuya voluntad es más frágil
y no imploran de Dios el auxilio de su Gracia.

Protege a cuantos se confían
a la encomienda de tu patrocinio:
A los hijos de la Santa Iglesia Católica,
a los moribundos en su último trance,
a las Benditas Ánimas del Purgatorio,
y a todos aquellos cuyos trabajos
o lugares de nacimiento o residencia
están confiados a tu custodia
de una forma singular.

Protégenos de todos los peligros
y ruega a Dios que nos conceda
las gracias que necesitamos
para salir victoriosos en las batallas
de nuestras luchas interiores.

Te pido especialmente
que me guardes ante este peligro:
[Pídase con devoción],
que me ayudes a vencer esta tentación:
[Pídase con devoción],
y que me guíes hasta alcanzar
este buen propósito de vida cristiana
que tanto se me resiste:
[Pídase con devoción].

Y también te ruego que protejas a los míos,
a mis familiares y a mis amigos,
-especialmente a: [Nombres]-;
para que, con la ayuda inestimable
de nuestros Santos Ángeles Custodios,
llevemos ahora una vida santa
y alcancemos la meta del Cielo en paz,
alejándonos de todo engaño y confusión,
de toda ocasión de pecar, y sosteniéndonos
cuando aflore el cansancio en el combate.
Amén.

ORACIÓN POR LA IGLESIA

Arcángel San Miguel,
Santo Patrono y Protector de la Iglesia:
Te ruego que hagas de ella
un lugar seguro frente al Enemigo;
para el que el humo del Infierno
no pueda entrar en su interior
por ninguna grieta*
(expresión en recuerdo del Papa San Pablo VI),
y cumpla intachablemente,
para Gloria de Dios
y servicio de los hombres,
su labor más alta, propia y esencial
como Instrumento Universal de Salvación*
(expresión en recuerdo del Concilio Vaticano II).

Te ruego humildemente
que protejas a nuestros pastores,
guardándolos de los innumerables peligros
que azuzados por nuestro Enemigo
les acechan en este mundo, especialmente
frente a aquellas mismas tentaciones
a las que Nuestro Señor Jesucristo se vio
sometido en el desierto al retirarse a orar
antes de comenzar su ministerio público.

Acuérdate especialmente del Papa: [Nombre],
del Obispo de nuestra Diócesis: [Nombre],
y de nuestros sacerdotes más próximos
(párroco, coadjutores, capellanes): [N.],
para que sean pastores buenos y diligentes,
según el modelo del Corazón de Cristo,
y nos guíen y guarden hasta la meta.

Protege también a nuestros religiosos,
signos de esperanza de la Vida Eterna;
a nuestras familias, Iglesias Domésticas,
espacios irrenunciables del primer anuncio
del Evangelio que aguarda a ser proclamado
a los hijos de los hogares cristianos;
a nuestras instituciones y grupos,
para que se vean prendados
de afán apostólico, de fervor espiritual,
y de generosa caridad,
siguiendo las enseñanzas de Nuestro Señor;
y muy especialmente a tantos creyentes
que se significan como cristianos
en los momentos más difíciles,
mostrando al mundo sus rostros alegres
como sembradores de esperanza,
sabedores de que Jesucristo también
estará de su parte ante su Padre del Cielo.
Amén.

ALÉJAME DEL ENEMIGO

Arcángel San Miguel, firme defensor
de los hijos de la Iglesia; ruega a Dios
que renueve constantemente en mí
la Gracia que me confirió cuando recibí
el Sacramento del Bautismo.

Aquel día, él hizo de mí otro Cristo
mediante la Unción con el Santo Crisma,
que, como buen aceite, me hizo correoso
frente a los intentos que en la vida
hace el Enemigo para atraparme.

Por eso te ruego
que le pidas a Dios con insistencia
que abra mis ojos para que pueda ver
dónde están las trampas de Satanás,
los lugares donde me aguarda
para esclavizarme con sus cadenas,
y así pueda tener la valentía de huir
de aquel que, aunque vencido,
ni querrá ceder una sola presa
ni cesará de querer al menos manchar
la blancura de mi alma en gracia
con la suciedad del fango de la tierra.
Amén.

¡QUIÉN COMO DIOS!

Arcángel San Miguel,
Príncipe de la Milicia Celestial,
que al grito de: "¡Quién como Dios!"
Derrotaste a Lucifer cuando quiso usurpar
el trono del Creador. Enséñanos a vivir
amando a Dios sobre todas las cosas,
cumpliendo con nuestras obligaciones
como hijos suyos bien amados,
respetando y honrando su Santo Nombre,
obedeciendo sus Mandamientos,
y alejándonos de todo aquello
que le ofende como Único Dios Verdadero:
De la idolatría, de la magia, del ocultismo,
de la adivinación, de la superstición…
Porque sabemos que bajo la apariencia
de esos falsos dioses o fuerzas invisibles
en verdad se esconde aquel que fue
por ti derrotado y arrojado a los Infiernos
junto a los ángeles que le secundaron.
Aléjanos de esas prácticas
y ayúdanos a confiar en la Providencia
de un Dios que nos tiene contados
hasta los cabellos de nuestras cabezas
y que nos ha hecho libres y capaces de amar
para que labremos nuestro destino. Amén.

ANTE EL FIEL DE TU BALANZA

Glorioso Arcángel San Miguel,
que para defender la Gloria de Dios
arrojaste al Infierno
a Satanás y a su ejército.

Aleja de mí todo mal y desgracia
material y espiritual con las que quiera
tentarme y confundirme el Enemigo
de mi alma y de mi salvación.

Pero ayúdame a distinguir esa opresión
que viene del Enemigo de mi propia cruz,
de esa cruz que viene del Señor,
la que debo abrazar para aprender a amar
en la contrariedad, el sufrimiento y el dolor.

Que tu balanza
no sólo pese mis obras,
sino que también me ayude a discernir,
según su fiel (su medida),
lo que es bueno, aunque implique sacrificio,
y lo que es malo, aunque resulte agradable,
pero pueda ser un engaño de aquel
que quiere apartarme para siempre
de un gozo verdadero, perenne, y mayor.
Amén.

CAUDILLO DE LOS EJÉRCITOS CELESTIALES

Arcángel San Miguel, Príncipe y Caudillo
de los ejércitos celestiales de los ángeles,
protector y guardián de nuestras almas,
Santo Patrono de la Iglesia Universal,
tú que venciste a los espíritus rebeldes:

Apiádate de los que a ti acudimos
para que nos libres de todo mal;
ampáranos con tu favor,
defiéndenos con tu fortaleza,
y ayúdanos a avanzar cada día
por la senda estrecha
de nuestro servicio al Señor.

Que el ejemplo de tu virtud nos sostenga
todos los días de nuestra vida,
y más aún en la hora de la muerte;
defiéndenos entonces del Dragón Infernal
y de todas sus tentaciones y engaños,
para que podamos salir de este mundo
siendo presentados por ti incólumes
ante la Divina Majestad de Dios.
Amén.

ACTO DE CONSAGRACIÓN

Arcángel San Miguel,
noble Príncipe de las Jerarquías Angélicas,
valeroso guerrero del Todopoderoso
y celoso amante y defensor de su Gloria;
terror de los ángeles rebeldes,
amor y delicia de las almas justas.

Cuéntame entre tus devotos
y acepta mi consagración a ti;
todo cuanto tengo y todo lo que soy
lo pongo bajo tu poderosa protección.

No mires la pequeñez de mi ofrenda,
sino mi deseo de reparar por mis pecados,
y el amor que me comprometo a profesar
al Padre Celestial que me creó,
a su Hijo, Jesucristo, que me redimió,
y al Espíritu Santo y santificador.

Arcángel San Miguel,
defiéndeme en mi batalla diaria,
y guárdame en la hora de la muerte
para que no perezca en el Juicio Final.
Amén.

ORACIÓN TRADICIONAL

Esta oración fue ampliamente difundida
por el Papa León XIII, que decretó su rezo
tras la conclusión de la Santa Misa,
manteniéndose así hasta la reforma litúrgica
del Concilio Vaticano II.

Téngase en cuenta que si bien su original en latín
está completamente fijado,
las traducciones al español son numerosas,
dependiendo de los usos del lugar.

Arcángel San Miguel,
defiéndenos en el combate,
sé nuestro amparo contra las maldades
y asechanzas del Diablo.

Reprímele Dios, pedimos suplicantes;
y tú, Príncipe de la milicia celestial,
arroja al Infierno, con el poder divino,
a Satanás y a los otros espíritus malignos,
que andan dispersos por el mundo
para la perdición de las almas.
Amén.

NOVENA A
SAN MIGUEL

ORACIONES INICIALES

+ En el Nombre del Padre...

Oh, Dios, ten piedad de nosotros,
purifica nuestros corazones
y perdona nuestras ofensas
para que podamos realizar con fruto
esta Novena en honor de San Miguel,
Príncipe de tus ejércitos.

Glorioso Arcángel San Miguel,
Príncipe de la Corte Celestial,
ayúdanos a lo largo de esta Novena
a crecer en nuestro amor a Dios
honrando tu fidelidad y entrega.

A ti, porque venciste a Satanás,
te pedimos que alejes todo mal
de nuestras vidas y nos hagas
aborrecer cuanto nos aparte de Dios.

Acoge también nuestras plegarias
en nuestras necesidades: [Pídase],
y preséntalas por tus manos ante Dios.

RÉCESE EL DÍA CORRESPONDIENTE DE LA NOVENA

ORACIONES FINALES

Oremos a Dios, Nuestro Padre,
con la oración que Nuestro Señor Jesucristo
nos enseñó: Padre Nuestro…

OREMOS:
Dios Padre Eterno y Todopoderoso,
te adoramos y te bendecimos
por la grandeza de tu creación
y porque nos permitiste participar
de tu condición personal,
tanto a tus criaturas angélicas
como a las humanas,
para que pudiéramos responder
desde la libertad a tu llamada.
Ayúdanos, por la fidelidad de San Miguel,
Príncipe de tus ejércitos celestiales,
a combatir el mal de nuestras vidas
y a repetir su "serviam" (serviré)
ante cada ocasión y circunstancia
en que nos reclames.
Te lo pedimos por Jesucristo,
Nuestro Señor.
Amén.

¤ Arcángel San Miguel.
➢ Ruega por nosotros.

DÍA 1. EN AGRADECIMIENTO POR LOS FAVORES RECIBIDOS

Bendito Arcángel San Miguel:
¿A cuántos moribundos arrancaste
de las fauces del Enemigo?
¿A cuántas Benditas Ánimas del Purgatorio
aliviaste en su dolor para ser sanadas?
¿A cuántos hijos de Dios defendiste
cuando fueron tentados por el Enemigo?
Te agradezco cada favor que has hecho
en beneficio de la humanidad,
y especialmente los que respondieron
a mis ruegos y plegarias.

Día 2. ALIADO EN EL COMBATE ESPIRITUAL

Glorioso Arcángel San Miguel,
Ángel de los Santos combates,
¡Cuánto se complace Dios al contemplarte
defendiendo su honor y su Gloria!
Tú, que no quisiste ser más que Dios,
ruega al Espíritu Santo que nos santifique,
que nos conceda su Gracia en el combate,
que sea nuestra fortaleza ante la tentación,
y que nos ayude a encontrar en tu fidelidad
un estímulo para ser constantes en la batalla.

DÍA 3. PRÍNCIPE VICTORIOSO

Ángel Victorioso, a diferencia de Satanás
no te confiaste a tu propia grandeza
sino a la omnipotencia divina,
cosechando así victoria tras victoria
frente a aquel que jamás será como Dios.
Enséñanos a ser humildes
para huir a tiempo de toda ocasión de pecar,
y para pedir el auxilio del Cielo
cuando estemos dispuestos a luchar
contando también con nuestros medios
y no caer así en la soberbia ante Dios.

DÍA 4. PROMOTOR
DE LA REPARACIÓN EUCARÍSTICA

Arcángel San Miguel, Ministro del Altísimo,
que llevas ante su Trono nuestras plegarias
elevándolas como el humo del incienso.
Defensor de Jesús en nuestros altares,
promotor de la reparación por los ultrajes
que recibe al quedarse con nosotros
oculto en el Sacramento de la Eucaristía;
mueve nuestro fervor y no permitas
que recibamos el Dulce Manjar del Cielo
sin que tengamos el alma libre de pecado.

DÍA 5. GUARDIÁN DEL PARAÍSO

Arcángel San Miguel, Guardián del Paraíso
y Protector de las mismas Puertas del Cielo,
recuérdanos que por voluntad divina
contamos con el inmerecido auxilio
de nuestros Santos Ángeles Custodios
frente a los peligros de la Tierra
y para que no perdamos el rumbo
que nos conduce hasta la Gloria,
ayudándonos a ser pobres merecedores
del premio de hallar sus puertas abiertas.
Muévenos para que a ellos nos confiemos
y atendamos sus santas instrucciones.

DÍA 6. PATRONO DE LA IGLESIA CATÓLICA

Arcángel San Miguel,
Santo Patrono y Protector de la Iglesia,
no permitas que el humo de Satanás
penetre en ella por alguna de sus fisuras,
como nos alertó el Papa San Pablo VI;
ruega al Espíritu Santo que nos haga
diligentes ante la voz nuestros pastores,
santos que brillemos en medio del mundo,
pero con la humildad y la discreción
del fermento que se mezcla en la masa.

DÍA 7. PROTECTOR DE LOS MORIBUNDOS

Bendito Arcángel San Miguel,
los primeros cristianos te confiaban
la salud de sus enfermos, nosotros,
además, ahora te confiamos la salvación
de los moribundos. Líbralos del Enemigo
que acechará en ese momento decisorio
y ruega también para nosotros
los dones de la perseverancia final
y de una muerte santa en la que recibamos
el auxilio de los Santos Sacramentos.

DÍA 8. ÁNGEL DE LA PAZ

Arcángel San Miguel, Ángel de la Paz,
que velas por la prosperidad
de nuestras tierras para que no nos falte
el pan que nos alimente cada día,
la tranquilidad que precisa nuestro espíritu,
la seguridad que nos ayude a permanecer
fieles a nuestros compromisos.
Haznos amar las virtudes cristianas,
pero tanto igual las virtudes humanas,
para que cuanto tasemos según la medida
que tenemos en la Tierra se multiplique
según la generosidad del Cielo.

DÍA 9. MODELO DE HUMILDAD Y FIDELIDAD

Arcángel San Miguel,
que no quisiste brillar con tu propia luz
sino con el fulgor de Dios reflejado en ti;
ayúdanos a ser humildes para pedir
todo aquello que supera nuestras fuerzas,
nuestras capacidades, a fin de cuentas
a nosotros mismos y a nuestra Naturaleza
herida por el pecado; pero también
aquello que esté a nuestro alcance,
para que todo lo agradezcamos
como un don venido de Dios.
Que Dios sea nuestra fuerza,
también nuestra esperanza,
y que nos haga un lugar
en esa Gloria que no nos corresponde
pero para la que fuimos creados
por Amor y generosidad.

¡Quién como Dios!

Por él vinimos a la existencia,
y sólo él tiene palabras
de Vida Eterna.

CORONILLA DE
SAN MIGUEL

Esta Coronilla fue revelada por el Arcángel San Miguel
a la Sierva de Dios Antonia de Astónaco, monja carmelita,
a mitad del Siglo XVIII en Portugal,
recibiendo prontas licencias para su rezo.
Consta de nueve partes, en las que,
de la mano de San Miguel,
elevaremos nuestras salutaciones
a cada uno de los nueve Coros Angélicos.

+ En el Nombre del Padre...
+ Del Hijo...
+ Y del Espíritu Santo. Amén.

† Abre, Señor, mis labios...
  ➢ Para que pueda cantar tus alabanzas.
† Dios Hijo, ven en mi auxilio...
  ➢ Señor, date prisa en socorrerme.

Gloria al Padre, al Hijo, y al Espíritu Santo.
Como era en un principio, ahora y siempre,
por los siglos de los siglos. Amén.

Arcángel San Miguel,
acoge mis ruegos y agradecimientos:
[Pídase y agradézcase con devoción]
y ofrécelos al Altísimo por tus manos
junto al pobre mérito de mi oración.

I. AL PRIMER CORO DE LOS ÁNGELES, EL CORO DE LOS SERAFINES

Que Dios Nuestro Señor,
por la intercesión San Miguel
y del Coro Celestial de los Serafines,
disponga nuestras almas
para que podamos recibir dignamente
el fuego de la Caridad Perfecta
en nuestros corazones.

1 Padre Nuestro y 3 Ave Marías.

II. AL SEGUNDO CORO DE LOS ÁNGELES, EL CORO DE LOS QUERUBINES

Que Dios Nuestro Señor,
por la intercesión San Miguel
y del Coro Celestial de los Querubines,
disponga nuestras almas
para que podamos abandonar
la senda del pecado y seguir el camino
de la Perfección Cristiana.

1 Padre Nuestro y 3 Ave Marías.

III. AL TERCER CORO DE LOS ÁNGELES, EL CORO DE LOS TRONOS

Que Dios Nuestro Señor,
por la intercesión San Miguel
y del Coro Celestial de los Tronos,
derrame sobre nuestros corazones
un verdadero y sincero
espíritu de humildad.

1 Padre Nuestro y 3 Ave Marías.

IV. AL CUARTO CORO DE LOS ÁNGELES, EL CORO DE LAS DOMINACIONES

Que Dios Nuestro Señor,
por la intercesión San Miguel
y del Coro Celestial
de las Dominaciones,
nos otorgue la gracia
de que podamos ser dueños
de nuestros sentidos para así
poder someter nuestras pasiones.

1 Padre Nuestro y 3 Ave Marías.

V. AL QUINTO CORO DE LOS ÁNGELES, EL CORO DE LAS POTESTADES

Que Dios Nuestro Señor,
por la intercesión San Miguel
y del Coro Celestial de las Potestades,
proteja nuestras almas
contra las asechanzas del Demonio.

1 Padre Nuestro y 3 Ave Marías.

VI. AL SEXTO CORO DE LOS ÁNGELES, EL CORO DE LAS VIRTUDES

Que Dios Nuestro Señor,
por la intercesión San Miguel
y del Coro Celestial de las Virtudes,
nos guarde de todo mal
y no permita que sucumbamos
ante las tentaciones del Maligno.

1 Padre Nuestro y 3 Ave Marías.

VII. AL SÉPTIMO CORO DE LOS ÁNGELES, EL CORO DE LOS PRINCIPADOS

Que Dios Nuestro Señor,
por la intercesión San Miguel
y del Coro Celestial de los Principados,
se digne colmar nuestras almas
de un sincero y diligente
espíritu de santa obediencia.

1 Padre Nuestro y 3 Ave Marías.

VIII. AL OCTAVO CORO DE LOS ÁNGELES, EL CORO DE LOS ARCÁNGELES

Que Dios Nuestro Señor,
por la intercesión San Miguel
y del Coro Celestial de los Arcángeles,
nos conceda los dones
de la perseverancia final
y de una muerte santa,
afianzándonos en la Fe y el buen obrar
para ser conducidos hasta el Paraíso.

1 Padre Nuestro y 3 Ave Marías.

IX. AL NOVENO CORO CELESTIAL, EL CORO DE LOS ÁNGELES

Que Dios Nuestro Señor,
por la intercesión San Miguel
y del Coro Celestial de los Ángeles,
nos otorgue la gracia de ser por ellos
protegidos en esta vida mortal
y conducidos hasta la Vida Eterna.

1 Padre Nuestro y 3 Ave Marías.

REZO DE 4 PADRE NUESTROS

En honor a San Miguel Arcángel, rezamos:
Padre Nuestro...

En honor a San Gabriel Arcángel, rezamos:
Padre Nuestro...

En honor a San Rafael Arcángel, rezamos:
Padre Nuestro...

Y rezamos en honor
a nuestros Santos Ángeles Custodios:
Padre Nuestro...

ORACIONES FINALES

Al Arcángel San Miguel

Oh, Glorioso San Miguel,
Príncipe de la Milicia Celestial,
fidelísimo Guardián de las almas,
vencedor eficaz de los espíritus rebeldes,
fiel Servidor en el Palacio del Divino Rey.

Tú, que nos guías y conduces
con tu poderoso resplandor
y con tu virtud sobrenatural,
líbranos de todo mal y peligro
a quienes acudimos a ti con confianza.

Asístenos con tu ayuda,
para que seamos cada vez más fieles
al servicio de Dios
todos los días de nuestra vida.

¤ Ruega por nosotros, Glorioso San Miguel,
Santo Patrono de la Iglesia Católica.
➤ Para que seamos dignos de alcanzar
las promesas de Nuestro Señor Jesucristo.

A Dios Todopoderoso

Oh, Dios, Todopoderoso y eterno,
a ti te alabamos y te bendecimos.

Tú escogiste
al Glorioso Arcángel San Miguel
como Príncipe de tus Ejércitos.
Por tu Providencia,
en su misericordiosísimo deseo
de salvar las almas de los hombres,
humildemente te pedimos, Padre Celestial,
que nos libres de nuestros enemigos,
y que, en la hora de la muerte,
no permitas que se nos acerque
ningún espíritu maligno que quiera
seducirnos y apartarnos de tu Amor.

Oh Dios y Señor Nuestro,
guíanos por medio de tu Arcángel San Miguel,
y envíale para que nos conduzca
a la Presencia de tu excelsa
y Divina Majestad.
Te lo pedimos por los méritos
de Jesucristo, Nuestro Señor.
Amén.

LETANÍAS A SAN MIGUEL

Estas Letanías suelen rezarse de modo separado
a otras oraciones. No siendo costumbre consolidada
que acompañen a la Coronilla de San Miguel,
sin embargo, tampoco sería inapropiado,
como que incluso que se unieran para su rezo:
Novena, Coronilla y Letanías.
Recuérdese que estas Letanías cuentan con diversas versiones.

† **Señor, ten piedad...** ➤ Señor, ten piedad.
† **Cristo, ten piedad...** ➤ Cristo, ten piedad.
† **Señor, ten piedad...** ➤ Señor, ten piedad.
† **Cristo, óyenos...** ➤ Cristo, óyenos.
† **Cristo, escúchanos...** ➤ Cristo, escúchanos.

† **Dios, Padre celestial...**
  ➤ Ten misericordia de nosotros.
† **Dios Hijo, Redentor del mundo...**
  ➤ Ten misericordia de nosotros.
† **Dios Espíritu Santo...**
  ➤ Ten misericordia de nosotros.
† **Santísima Trinidad, un solo Dios...**
  ➤ Ten misericordia de nosotros.

¤ **Santa María, Madre de Dios,
  y Reina de los Ángeles...**
  ➤ Ruega por nosotros.

¤ **Arcángel San Miguel...**
> Ruega por nosotros.

¤ **Príncipe de la Milicia Celestial...**
> Ruega por nosotros.

¤ **Criatura colmada de la Gracia de Dios...**
> Ruega por nosotros.

¤ **Perfecto adorador del Verbo Divino...**
> Ruega por nosotros.

¤ **Arcángel coronado de gloria y honor...**
> Ruega por nosotros.

¤ **Jefe de los ejércitos del Señor...**
> Ruega por nosotros.

¤ **Portaestandarte de la Santísima Trinidad...**
> Ruega por nosotros.

¤ **Vencedor de las batallas contra Lucifer...**
> Ruega por nosotros.

¤ **Terror de los demonios...**
> Ruega por nosotros.

¤ **Guardián de las puertas del Paraíso Terrenal...**
> Ruega por nosotros.

¤ **Portador de las llaves del Infierno...**
> Ruega por nosotros.

¤ **Consuelo y guía de Israel en el desierto...**
> Ruega por nosotros.

¤ **Santo Patrono y Protector de la Iglesia...**
> Ruega por nosotros.

¤ Fuerza y esplendor de la Iglesia militante...
> Ruega por nosotros.

¤ Alivio de la Iglesia Purgante...
> Ruega por nosotros.

¤ Honor y alegría de Iglesia triunfante...
> Ruega por nosotros.

¤ Baluarte de la verdadera Fe...
> Ruega por nosotros.

¤ Valor de los que combaten
bajo el estandarte de la Santa Cruz...
> Ruega por nosotros.

¤ Auxilio ante las calamidades...
> Ruega por nosotros.

¤ Paz para las almas...
> Ruega por nosotros.

¤ Socorro seguro en el último trance...
> Ruega por nosotros.

¤ Receptor de las almas tras la muerte...
> Ruega por nosotros.

¤ Portador de la balanza divina...
> Ruega por nosotros.

¤ Defensor de la justicia divina...
> Ruega por nosotros.

¤ Heraldo de las sentencias eternas...
> Ruega por nosotros.

¤ Asistente de Cristo en el Gran Día...
> Ruega por nosotros.

¤ San Miguel Arcángel, abogado nuestro…
> Ruega por nosotros.

† Cordero de Dios,
que quitas el pecado del mundo…
> Perdónanos Señor.

† Cordero de Dios,
que quitas el pecado del mundo…
> Escúchanos Señor.

† Cordero de Dios,
que quitas el pecado del mundo…
> Ten misericordia de nosotros.

¤ Ruega por nosotros, San Miguel Arcángel…
> Para que seamos hallados dignos
de alcanzar las promesas
de Nuestro Señor Jesucristo. Amén.

Oremos: Oh, Dios, bendícenos y santifícanos;
y por la intercesión de San Miguel Arcángel
concedemos la sabiduría que nos enseña
a atesorar riquezas en el Cielo
administrando con desapego y caridad
nuestros bienes temporales en la Tierra.
Te lo pedimos a ti, que vives y reinas
por los siglos de los siglos. Amén.

¤ Arcángel San Miguel…
> Ruega por nosotros.

ORACIONES EN HONOR
DEL ARCÁNGEL
SAN GABRIEL

ORACIÓN DE SÚPLICA

Glorioso Arcángel San Gabriel,
Príncipe de los Coros de los Ángeles,
humildemente te suplicamos
que intercedas por nosotros
ante el trono de la misericordia divina
por nuestras necesidades actuales:
[Pídase con devoción].

No te olvides de rogar
también por los bienes
que no nos atrevemos a pedir,
y por aquellas gracias que aún
no alcanzamos a conocer.

Y que, así como anunciaste
el misterio de la Encarnación
a la Bienaventurada
y Siempre Virgen María,
ahora, por tus oraciones desde el Cielo
y el auxilio que nos prestas en la Tierra,
obtengamos los medios que necesitamos
para alcanzar la salvación
y podamos alabar a Dios por siempre
en el Reino de los vivos.
Amén.

ORACIÓN DE INTERCESIÓN

Arcángel San Gabriel,
amoroso mensajero de la Encarnación,
desciende sobre aquellas personas
para las que te pido paz y felicidad:
Parientes, amigos, bienhechores…
Y también por mis enemigos.
Tú que anunciaste la venida del Niño Jesús,
alza tus alas sobre las cunas
de los niños recién nacidos,
y sobre el vientre de las madres
de los que aún han de nacer.
Oh, Espíritu puro que te presentaste
ante la Virgen Pura,
entrega a los jóvenes un pétalo
del lirio virginal que llevas en tu mano.
Que tus palabras contenidas en el Ave María
resuenen en todos los corazones,
para que la humanidad halle gracia y alegría
por medio de aquella que fue hallada digna
de ser la Madre de Dios.
Y no te canses de recordarnos tus palabras:
"Nada es imposible para Dios",
repitiéndolas a todos los que amo
ahora y en la hora de la tribulación.
Amén.

ACTO DE CONSAGRACIÓN

Dichoso seas, Arcángel San Gabriel,
Glorioso Príncipe de la Corte Celestial,
porque oíste el "sí" de María
a los planes de Dios.

A ti me consagro para que me conduzcas
en todas las circunstancias de mi vida
y responda con la misma disponibilidad
que ella, mi Santísima Madre, mostró ante ti.

Guíame por la senda estrecha y generosa
que conduce hasta la Vida Eterna
honrando a Dios y sirviendo a mis hermanos,
especialmente a los más pobres
y desfavorecidos, a los desechados
y despreciados por los hombres...

Y, para ello, ruega a Dios que disponga
de todo cuanto tengo y cuanto soy
para cumplir este propósito.

En tus manos deposito mi ofrenda
y a ti me encomiendo por entero,
para que puedas reservar para Dios
mi persona y todo cuanto es mío.
Amén.

ORACIÓN PARA PEDIR EL DON DE UN HIJO

Dichoso Arcángel San Gabriel,
que por la libre aceptación
que hizo la Virgen María de tu mensaje
viste al Autor de la vida encarnarse
en sus entrañas purísimas.

También anticipaste aquel momento
concediendo el don de un hijo
a los ancianos Isabel y Zacarías
que, a pesar de su vejez,
concibieron a Juan el Bautista,
el precursor que allanaría los caminos
para la llegada del Mesías.

Ruega a Dios que se apiade
de mi esposo/a y de mí
concediéndonos el don inmerecido
de un hijo nacido de nuestro amor,
un amor abierto a la vida y a la conformidad
con su infinita e insondable sabiduría.
Y, mientras tanto, que podamos crecer
como esposos y no nos olvidemos
de cuántas bendiciones recibimos.
Amén.

ÁNGEL DE LA ENCARNACIÓN DEL HIJO DE DIOS

Bendito San Gabriel,
ante ti la Santísima Virgen
respondió generosamente con su: "Sí"
a los planes de Dios Padre,
quedando encinta desde aquel
mismo instante al concebir a Dios Hijo,
que sin dejar de ser Dios se hizo Hombre
por obra y gracia del Espíritu Santo,
sin que mediara intervención de varón.

Ruega a Dios que me fortalezca en la Fe,
para que cuanto profeso en el Credo
por el asentimiento de mi razón
lo ame y agradezca intensamente
con toda la fuerza de mi corazón.

Que mi amor hacia el Verbo Encarnado
y su Santísima Madre sea semejante al tuyo,
tierno y devoto, humilde y partícipe.

Oh, "Fuerza de Dios", enviado para sostener
a los que por el Bautismo hemos recibido
la condición de hijos en el Hijo,
enséñame a vivir como me corresponde.

Pide a Dios que fortalezca mi voluntad,
para que responda libremente a su Gracia
y avance en el camino de la santidad.

Afianza mis propósitos y renueva mi valor;
consuélame en la tribulación
y en las pruebas de la vida cotidiana
como consolaste a nuestro Salvador
en su agonía en el Huerto de Getsemaní,
a la Santísima Virgen María en sus dolores,
y a su casto esposo San José en sus pruebas.

Te ruego también que aceptes y atiendas
esta petición particular: [Pídase con devoción].

Por tu ferviente y probado amor
al Hijo de Dios hecho Hombre
y a su Santísima Madre,
te imploro que intercedas por mí,
para que mi petición sea atendida
conforme a la Sabia Voluntad de Dios.

Ruega por nosotros, Arcángel San Gabriel,
para que seamos dignos de alcanzar
las promesas de Nuestro Señor Jesucristo.
Amén.

ORACIÓN POR LOS HUÉRFANOS QUE NECESITAN UNOS PADRES

Glorioso Arcángel San Gabriel,
fiel transmisor de los planes de Dios,
que comunicaste su mensaje
a la mujer que fue hallada digna
de ser la Madre de Dios.

Mueve los corazones
de los esposos cristianos
para que reciban de Dios la llamada
a obrar en Caridad con los huérfanos
que buscan y precisan de una familia.

Premia a cuantos ya lo han hecho,
y que su ejemplo cunda y ayude
a otras criaturas necesitadas
del calor y del afecto de un hogar.

Dios, que conoce la medida
de nuestra generosidad,
nos premiará sin medida ahora
y en la Vida Eterna.
Amén.

ORACIÓN ANTE LOS DESENCUENTROS

San Gabriel, Arcángel bendito,
que recibiste la tarea de comunicar
en distintas ocasiones los planes de Dios.

Tú, que eres el buen Patrono
de los comunicadores, de los diplomáticos,
de las personas que tienen el encargo
de mediar ante los conflictos...
Haz crecer en nosotros los deseos de paz,
el mutuo respeto en las diferencias legítimas,
la caridad frente a las discrepancias,
y la paciencia ante los malos entendidos.

Ayúdanos a respetar la libre opinión
sin renunciar a la Verdad,
a ser tolerantes con otros pareceres,
pero firmes defensores de nuestra Fe
y de nuestra Moral.

Ayúdame en mis desavenencias
con mis hermanos, especialmente con: [N.],
y que en estas circunstancias me guíe
según el criterio de la misericordia.
Amén.

SANTO PATRONO
DE LOS CARTEROS

Arcángel San Gabriel,
a tu custodia se confían
aquellas personas que reciben
el encargo de llevar a las personas
tantas noticias, buenas y malas,
tantas respuestas, tantos recados,
tantas palabras y tantos recuerdos...

Llena de orgullo a los carteros,
a sus esposas, a sus maridos,
a sus hijos, a sus familias enteras
por el trabajo tan honesto y humilde
como imprescindible y necesario
que prestan al servicio de la sociedad.

Y premia de un modo especial
a aquellos carteros que se implican
como hermanos de sus vecinos
al comunicar esas noticias
que conmueven el corazón,
acompañando con su presencia
las noticias que transmiten.
Amén.

AYÚDANOS
A ACOGER LA PALABRA

San Gabriel bendito,
por la aceptación de tu anuncio
entró la Palabra Eterna de Dios
en la Historia de los Hombres
haciéndose carne en el vientre de María.

Ayúdanos a que esa misma Palabra
entre en nuestros oídos,
germine como una semilla
en nuestros corazones,
y viva y reine en nuestras vidas.

Y recuérdanos las palabras
del Evangelista San Juan,
que nos dijo que: "Vino a los suyos
y los suyos no la recibieron,
pero a cuantos la recibieron
les concedió la potestad
de ser hijos de Dios" (Jn. 1:11-12),
para que con esta esperanza
hagamos de nuestro "establo"
la más atenta "posada".
Amén.

NOVENA A
SAN GABRIEL

ORACIONES INICIALES

+ En el Nombre del Padre…

Oh, Dios, apiádate de nosotros,
purifica nuestros corazones
y perdona nuestras ofensas
para que podamos rezar dignamente
esta Novena en honor de San Gabriel,
fiel transmisor de tus designios.

Glorioso Arcángel San Gabriel,
que diste a María una noticia mayor
que la diste al sacerdote Zacarías,
porque si bien éste iba a ser el padre
del precursor del que había de venir,
María, por tu anuncio y su aceptación,
concibió sin intervención de varón,
por obra y gracia del Espíritu Santo,
al mismo Mesías prometido al Mundo.
Ruega a ese mismo Espíritu
que abra nuestros oídos y nuestras mentes
a la Palabra de Dios, para que acojamos
con humildad los Misterios de la Revelación;
y acepta también nuestro ruego
por este favor que te pedimos: [Pídase].

RÉCESE EL DÍA CORRESPONDIENTE DE LA NOVENA

ORACIONES FINALES

Oremos a Nuestro Padre del Cielo
con la oración que le dirigimos por mandato
de Nuestro Señor y Maestro: Padre Nuestro…

OREMOS:
Dios Padre Eterno y Todopoderoso,
te adoramos y te bendecimos
porque tras nuestro pecado
te apiadaste de nosotros enviándonos
a tu propio Hijo como Salvador,
quien se encarnó en las entrañas
purísimas de una Virgen por medio
del anuncio del Arcángel San Gabriel.

Ayúdanos a responderte: "Sí",
como María, para que nuestro Redentor
pueda nacer, de un modo espiritual,
también en nuestros corazones
y en nuestras vidas.
Por él te lo pedimos que vive y reina contigo
en la unidad del Espíritu Santo y es Dios
por los siglos de los siglos.
Amén.

¤ Arcángel San Gabriel.
➤ Ruega por nosotros.

DÍA 1. EN AGRADECIMIENTO POR LOS FAVORES RECIBIDOS

Arcángel San Gabriel,
acoge este humilde reconocimiento
por tu labor como mensajero
para la Concepción de Nuestro Redentor,
así como la de su precursor, Juan Bautista.
Gracias también por todos los favores
que has concedido a quienes a ti acudieron
reclamando tu auxilio y protección.

DÍA 2. EMISARIO FIEL Y LEAL

Glorioso Arcángel San Gabriel,
que trasmitiste fielmente las indicaciones
que el mismo Dios te confió
para que las llevaras a sus criaturas.
Nosotros, que también recibimos
el encargo de llevar la Palabra de Dios
hasta nuestros hermanos los hombres,
te pedimos que nos ayudes
a cumplir con nuestro encargo
con diligencia, fidelidad y humildad,
siendo las tres necesarias
ante la grandeza del mensaje
que inmerecidamente se nos confía.

DÍA 3. LA CONCEPCIÓN DE JUAN BAUTISTA

Arcángel San Gabriel,
a pesar de las dudas de Zacarías
de que su esposa fuera a quedar encinta
dada la avanzada edad de ambos,
no renunciaste a proclamar tu anuncio
y hacerlo oír para Gloria de Dios.
Ayúdanos a que la incredulidad del Mundo
no nos frene ni detenga a la hora
de propagar la semilla de la Palabra de Dios
que anhela germinar y brotar
en los corazones de los hombres.

DÍA 4. HUMILDE ANTE TU REINA

Oh, Arcángel San Gabriel,
que tuviste que llevar un mensaje divino
a la misma Reina de los Ángeles,
sin titubear ni temer por la certeza
que depositabas en su Divino Emisor,
en el mismo Mensaje en sí, y en aquella
que fue designada para su Recepción.
Oh, Arcángel San Gabriel,
qué grande fuiste ante tu Reina
mostrándole los designios del mismo Dios
sin ser obstáculo para su cumplimiento.

DÍA 5. TESTIGO DE LA ENCARNACIÓN

Arcángel San Gabriel,
que viste ante ti unirse el Cielo y la Tierra,
lo humano y lo divino, contemplando cómo
el mismo Creador del Tiempo
entraba en la Historia para salvarnos;
ayúdanos a amar al Mundo
pero sin mundanizarnos,
y a que advirtamos el trasfondo sagrado
que tienen también las realidades profanas,
ya que Cristo asumió por entero
nuestra condición humana, nuestra vida,
nuestros quehaceres… Pero no el pecado.

DÍA 6. POR LOS HIJOS CONCEBIDOS

Arcángel San Gabriel, ante ti
el mismo Dios se hizo hombre,
asumiendo nuestra Naturaleza Humana
desde la primera etapa de su existencia,
desde la fase embrionaria
en el vientre de su Madre.
Que recordar la fragilidad que asumió
el mismo Dios para hacerse Hombre
nos mueva a defender el valor sagrado
de toda vida humana aún por nacer.

DÍA 7. POR LA CONCORDIA ENTRE LOS HOMBRES

Arcángel San Gabriel, fiel mensajero
y Santo Patrono de los comunicadores;
ayúdanos a buscar la verdad
bajo la clave de la concordia, del respeto,
de la caridad y de la misericordia,
para que busquemos soluciones
en lugar de agrandar las heridas
cuando surgen enfrentamientos,
disputas o malas interpretaciones…
Y para ello, ante todo, enséñanos
a dialogar con humildad y prudencia.

DÍA 8. POR LA CONCORDIA ENTRE LAS NACIONES

Arcángel San Gabriel,
Santo Patrono de los diplomáticos,
tantas veces obligados a gestionar
decisiones inapropiadas de sus gobernantes;
ruega a Dios que conceda luz y valentía
a todas las personas que buscan
la concordia entre los pueblos,
como también dentro de las mismas
sociedades fracturadas en su seno.

DÍA 9. POR LA PAZ EN LAS FAMILIAS

Oh, Glorioso Arcángel San Gabriel,
que auxiliaste a Isabel y Zacarías,
y que promoviste el cumplimiento
del plan de Dios también en el seno
de la Sagrada Familia de Nazaret;
dirige las miradas de nuestras familias
hacia Dios, que siempre nos escucha,
que todo lo perdona, que nada reprocha
si no es con deseo sanador…
Para que aprendamos
de la experiencia que hacemos
del trato que Dios nos dispensa
el único camino justo para tratar
a nuestros semejantes, comenzando
por los de nuestra propia casa,
con los que las relaciones diarias
están más expuestas al desgaste
por las exigencias de la propia convivencia.

Ruega a Dios que conceda
fidelidad y amor a los esposos,
y la armonía que necesitan
las relaciones entre los padres y los hijos.

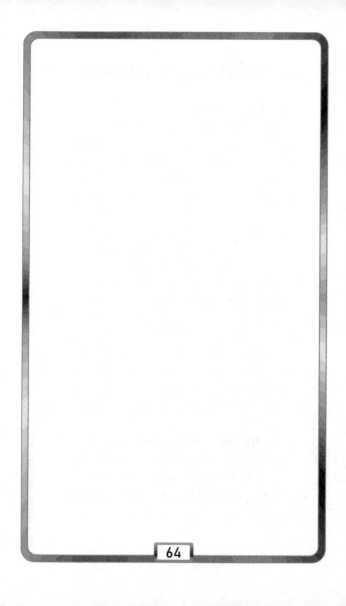

CORONILLA DE
SAN GABRIEL

Aunque existen diversas Coronillas a San Gabriel,
muchas de ellas no son católicas, incluso algunas
ofrecen un lenguaje confuso que no será del gusto
de un enviado tan fiel. Esta coronilla es muy sencilla,
tras unas oraciones iniciales, evoca 33 veces
el saludo de San Gabriel a María en tres bloques de 11,
rezándose una nueva jaculatoria entre cada uno
de esos tres bloques.

+ En el Nombre del Padre… + Del Hijo…
+ Y del Espíritu Santo. Amén.

TRES JACULATORIAS INICIALES

+ Padre Celestial,
por la salutación del Arcángel Gabriel:
Honremos la Encarnación de tu Divino Hijo.

+ Madre de nuestro Salvador,
haz que siempre nos esforcemos
por imitar tus santas virtudes,
y que respondamos a nuestro Padre Dios
diciendo: "Hágase en mí según tu Palabra".

+ Arcángel San Gabriel, te pedimos
que ofrezcas alabanzas a nuestro Padre
por el don de su Hijo, rogándole que un día,
por su gracia, todos seamos uno.

PRIMERA SECCIÓN
Repetimos once veces:
Salve, llena eres de gracia, el Señor es contigo:
Bendita tú eres entre todas las mujeres.

JACULATORIA ENTRE SECCIONES
Se dice una vez, al terminar la primera sección:
He aquí que concebirás en tu seno
y darás a luz un hijo,
y le pondrás por nombre: Jesús.

SEGUNDA SECCIÓN
Repetimos once veces:
Salve, llena eres de gracia, el Señor es contigo:
Bendita tú eres entre todas las mujeres.

JACULATORIA ENTRE SECCIONES
Se dice una vez, al terminar la segunda sección:
He aquí que concebirás en tu seno
y darás a luz un hijo,
y le pondrás por nombre: Jesús.

TERCERA SECCIÓN
Repetimos once veces:
Salve, llena eres de gracia, el Señor es contigo:
Bendita tú eres entre todas las mujeres.

El Señor nos bendiga: En el Nombre del Padre…

LETANÍAS A SAN GABRIEL

Estas Letanías suelen rezarse separadamente.
No es costumbre consolidada que acompañen
a la Coronilla de San Gabriel, sin embargo,
unir ambos rezos puede ser provechoso,
incluso llegando a unir: Novena, Coronilla y Letanías.
Recuérdese que estas Letanías cuentan con diversas versiones.

† **Señor, ten piedad...** ➢ Señor, ten piedad.
† **Cristo, ten piedad...** ➢ Cristo, ten piedad.
† **Señor, ten piedad...** ➢ Señor, ten piedad.

† **Cristo, óyenos...** ➢ Cristo, óyenos.
† **Cristo, escúchanos...** ➢ Cristo, escúchanos.

† **Dios, Padre celestial...**
  ➢ Ten misericordia de nosotros.
† **Dios Hijo, Redentor del mundo...**
  ➢ Ten misericordia de nosotros.
† **Dios Espíritu Santo...**
  ➢ Ten misericordia de nosotros.
† **Santísima Trinidad, un solo Dios...**
  ➢ Ten misericordia de nosotros.

¤ **Santa María, Madre de Dios,
  y Reina de los Ángeles...**
  ➢ Ruega por nosotros.

¤ Arcángel San Gabriel...
> Ruega por nosotros.
¤ Príncipe de la Corte Celestial...
> Ruega por nosotros.
¤ Mensajero divino...
> Ruega por nosotros.
¤ Honrado ante el Trono del Altísimo...
> Ruega por nosotros.
¤ Modelo de recogimiento y oración...
> Ruega por nosotros.
¤ Embajador de la voluntad de Dios...
> Ruega por nosotros.
¤ Interlocutor de Zacarías en el anuncio del nacimiento de San Juan Bautista...
> Ruega por nosotros.
¤ Emisario del Espíritu Santo...
> Ruega por nosotros.
¤ Mandatario en la venida del Mesías...
> Ruega por nosotros.
¤ Heraldo de la Encarnación...
> Ruega por nosotros.
¤ Revelador de las glorias de María...
> Ruega por nosotros.
¤ Guardián de la Virgen Intacta...
> Ruega por nosotros.
¤ Luz de las almas...
> Ruega por nosotros.

¤ Admirable maestro…
> Ruega por nosotros.
¤ Fuerza de los justos…
> Ruega por nosotros.
¤ Protector de los fieles…
> Ruega por nosotros.
¤ Primer adorador del Verbo Encarnado…
> Ruega por nosotros.
¤ Defensor de la Fe…
> Ruega por nosotros.
¤ Atalaya del honor de Jesucristo…
> Ruega por nosotros.
¤ Santo Patrono de los carteros,
   de los comunicadores
   y de los diplomáticos…
> Ruega por nosotros.
¤ Arcángel San Gabriel,
   a quien las Sagradas Escrituras
   elogian llamándote:
   "el ángel enviado por Dios
   a María, la Virgen".
> Ruega por nosotros.

† Cordero de Dios,
   que quitas el pecado del mundo…
> Perdónanos Señor.

† Cordero de Dios,
   que quitas el pecado del mundo…
      ➢ Escúchanos Señor.
† Cordero de Dios,
   que quitas el pecado del mundo…
      ➢ Ten misericordia de nosotros.

¤ Ruega por nosotros,
   San Gabriel Arcángel…
      ➢ Para que seamos hallados dignos
      de alcanzar las promesas
      de Nuestro Señor Jesucristo. Amén.

Oremos:
Oh, Dios, acepta nuestras plegarias
por la intercesión de San Gabriel Arcángel,
él que fue tu emisario ante María
para la venida al mundo de tu Hijo
obrada por el Espíritu Santo.
Te lo pedimos a ti, que vives y reinas
por los siglos de los siglos.
Amén.

¤ Santa María, Madre de Dios
   por el Misterio de la Encarnación…
      ➢ Ruega por nosotros.
¤ Arcángel San Gabriel…
      ➢ Ruega por nosotros.

ORACIONES EN HONOR
DEL ARCÁNGEL
SAN RAFAEL

ORACIÓN DE SÚPLICA

Glorioso Arcángel San Rafael,
Medicina de Dios, Príncipe de los ángeles;
portador de sabiduría y gracias celestiales
para los hombres de buena voluntad,
guía de los viajeros,
consolador de los afligidos,
refugio de los pecadores:
Te suplico que me atiendas
cuando te presente mis necesidades
ante las vicisitudes de esta vida,
ayudándome como ayudaste
al joven Tobías en sus viajes,
hoy especialmente en esta necesidad:
[Pídase con devoción].
Oh, "Medicina de Dios",
te ruego también
que sanes mi cuerpo y mi alma
de todo mal y dolencia,
ya sea material o espiritual,
y que me afiances en toda virtud,
de un modo singular
en la Santa Pureza,
para que pueda ser templo vivo
de Dios Espíritu Santo.
Amén.

FIEL COMPAÑERO DE LA VIDA

Glorioso Arcángel San Rafael,
poderoso Príncipe de la Corte Celestial,
cuyo nombre significa "Medicina de Dios".

Portador de salud
para los enfermos,
de luz para los ciegos.

Guía y compañero de los caminantes;
generoso promotor de la limosna,
del ayuno y de la oración:

Recuerda aquella caridad
con la que acompañaste
al joven Tobías en su camino,
y líbrame a mí también
de todo mal y peligro;
acompáñame en mi peregrinar
por este mundo caduco
en esta vida mortal,
y ayúdame a que pueda
llegar felizmente a mi hogar definitivo
en la Gloria Eterna del Cielo
y allí ser feliz para siempre.
Amén.

ORACIÓN DE INTERCESIÓN

Glorioso Arcángel San Rafael,
Príncipe de los Coros de los Ángeles,
antorcha dulcísima
de los Palacios Eternos,
mensajero del Dios Altísimo,
ejecutor de sus sabios decretos,
intercesor de los hijos de Adán,
fiel amigo de tus devotos,
compañero de los caminantes,
maestro de virtud,
protector de la castidad,
socorro de los abatidos,
médico de los enfermos,
auxilio de los perseguidos,
azote de los demonios,
cofre de los dones
inagotables de Dios.

Defiéndenos de las asechanzas
y las tentaciones del Demonio,
aleja de nosotros todo peligro
corporal o espiritual,
frena nuestra concupiscencia
y a los enemigos que nos tiranizan;
derrota en todos los lugares,

especialmente en el mundo católico,
al cruel monstruo de las herejías
y a la incredulidad que intenta devorarnos.

Ayúdanos a propagar,
con la Gracia de Dios
y por el testimonio de sus hijos,
la Verdad de los Santos Evangelios
hasta los confines de la Tierra.

Asiste al Romano Pontífice
y a los demás pastores de la Iglesia,
y guarda especialmente
en la unidad de la Fe
y en la defensa de la Moral
a nuestros políticos y gobernantes
que se reconocen como cristianos,
para que obren según el querer de Dios
sin contravenir sus Mandamientos,
defendiendo el valor sagrado de la vida.

Y, finalmente, te rogamos
que nos alcances del Trono de Dios
las gracias necesarias para que un día
puedan ser contados nuestros méritos
y recibamos el premio inestimable del Cielo.
Amén.

ACTO DE CONSAGRACIÓN

Arcángel San Rafael, fiel amigo de Dios
y mensajero de su Divina Providencia,
me refugio bajo tu patrocinio
con el propósito de obedecerte
como lo hizo el joven Tobías.

Te consagro mi alma y mi cuerpo,
todos mis proyectos y mi vida entera.
Sé mi guía y consejero, especialmente
en todos los asuntos y decisiones
que puedan turbar la paz de mi corazón.

Tú que permaneciste fiel a Dios
cuando los ángeles rebeldes
fueron arrojados a los Infiernos,
ayúdame en mi lucha
contra el mundo, el Demonio y la carne,
apártame de toda ocasión de pecar,
y dirígeme, junto a mi Santo Ángel Custodio,
por caminos seguros de paz y salvación.
Ofrece mis oraciones y mis méritos a Dios,
como ofreciste los de Tobías,
y que tu intercesión me obtenga
las gracias necesarias
para la salvación de mi alma.
Amén.

BENDICIÓN DEL VIAJE

Bendito Arcángel San Rafael,
Santo Patrono de los viajeros,
en este camino que emprendemos
fortalece nuestra paciencia,
alienta nuestra prudencia,
y guárdanos de todo peligro con la ayuda
de nuestros Santos Ángeles Custodios.
Que Dios nos bendiga:
En el Nombre del Padre, del Hijo,
y del Espíritu Santo.
Amén.

ORACIÓN POR UN ENFERMO

Oh, "Medicina de Dios", Arcángel San Rafael,
protector de los enfermos.
Ruega a Dios por la salud
de nuestro/a hermano/a: [Nombre];
alivia sus dolores, aviva su esperanza,
y dale la fortaleza de tu consuelo
para que pueda cargar esta cruz
con paciencia y alegría,
sin que le falten los cuidados que precisa
ni nuestro afecto y compañía.
Amén.

ORACIÓN POR LOS SANITARIOS

Bendito Arcángel San Rafael,
que con la fuerza que Dios te confirió
sanaste a Tobit de su ceguera
contando con la ayuda de Tobías.

Enséñanos a velar por nuestra salud,
y ruega a Dios que fortalezca en su labor
y recompense generosamente los méritos
de los médicos, de los enfermeros,
y de todas las personas que colaboran
con el funcionamiento de los hospitales
y la atención de los enfermos.

Renueva cada día
la generosidad de su entrega
para que, sin conformarse
con el mero cumplimiento formal
de las tareas a ellos confiadas,
sean verdaderos sembradores
de alegría en el dolor,
de esperanza ante a la desesperación,
y de buen ejemplo de generosidad
para provecho de sus hermanos
y mayor Gloria de Dios.
Amén.

ORACIÓN POPULAR

Esta oración, de origen anónimo,
ha sido escogida de forma espontánea por los fieles
como la oración más significativa en honor
de San Rafael Arcángel.

Oh, Arcángel San Rafael,
tú, que nos instruiste diciendo:
"Bendecid a Dios cada día,
proclamad sus beneficios,
haced el Bien para así
no tropezar en el mal,
buena es la oración
que está unida al ayuno,
y haced limosna mejor
que atesorar oro".

Te ruego...
Que en todos mis caminos me acompañes,
y que me alcances las gracias que preciso
para que pueda obedecer tus consejos.
Amén.

ORACIÓN POR LAS FAMILIAS CRISTIANAS

Glorioso Arcángel San Rafael,
Medicina de Dios
y Santo Patrono de los esposos,
que liberaste a Sara del mal que la afligía
derrotando al demonio Asmodeo.

I
Vence en el corazón de los esposos
los terribles males de la infidelidad,
del egoísmo, del rencor, de la apatía,
del maltrato físico o emocional…

Para que el mutuo amor
que se comprometieron a labrar
sea signo ante los hombres
del mismo Amor de Dios,
tal y como pidieron que fuera
aquel día en el que celebraron
el Sacramento del Matrimonio.

II
Vence en el corazón de los novios
los males de la frivolidad, de la soberbia,

de la lujuria, de la superficialidad,
de la falta de temor de Dios…

Para que así muestren certeza
de la idoneidad de su relación
y expresen sin dilaciones innecesarias
su compromiso responsable ante Dios,
ante la Iglesia, y ante el mundo,
contrayendo Matrimonio sacramental
y formando una nueva familia
por su mutuo amor abierto a la vida.

III

Vence en el corazón de los solteros
que se saben con certeza llamados
a la vida esponsal los males del miedo,
de la autosuficiencia, de la soledad,
de la exigencia desmesurada…

Para que estén así atentos
en ese momento en el que Dios
les muestre a esa persona buena
que tiene reservada para ellos,
que les ayude a ser mejores
y les acompañe al caminar por esta vida
hasta que sean llamados a la Vida Eterna.
Amén.

NOVENA A
SAN RAFAEL

ORACIONES INICIALES

+ En el Nombre del Padre...

Oh, Dios, guarda nuestros corazones,
purifica nuestras almas,
y perdona nuestras ofensas
para que podamos rezar con provecho
esta Novena en honor de San Rafael,
medicina tuya para nuestras enfermedades.

Glorioso Arcángel San Rafael,
tú que condujiste los pasos de Tobías
hasta encontrar a Sara,
la que sería su esposa, liberándola
de la maldición del Demonio Asmodeo,
dándole más tarde también indicaciones
para que con las entrañas de un pez
sanase la ceguera de Tobit, su padre,
honrando así la misericordia del Señor:
Agradece a Dios que, con su Providencia
y por medio de sus enviados,
guíe misteriosamente nuestras vidas,
y ruégale por nuestras necesidades
para que, como Tobías, demos cuenta
de la generosidad de su favor: [Pídase].

RÉCESE EL DÍA CORRESPONDIENTE DE LA NOVENA

ORACIONES FINALES

Expresemos nuestra confianza en Dios
rezándole la oración que Jesucristo,
su Unigénito, nos enseñó: Padre Nuestro...

OREMOS:
Dios Padre Providente,
que estableces tus designios
de un modo misterioso que a veces
comprendemos en el mismo transcurso
de nuestras vidas por este Valle de dolor,
pero pidiéndonos confianza filial
frente a aquellas situaciones
de las que de momento
no podemos recibir explicación.

Apiádate de nosotros como te apiadaste
de Tobit, de Sara y de Tobías,
y haz que nunca nos falte
el auxilio de tus ángeles
para apartarnos de los peligros
y llegar a nuestra meta.
Por Jesucristo, Nuestro Señor.
Amén.

¤ Arcángel San Rafael.
➤ Ruega por nosotros.

DÍA 1. EN AGRADECIMIENTO POR LOS FAVORES RECIBIDOS

Arcángel San Rafael,
fiel mensajero que Dios nos envía,
agradécele los innumerables dones
con los que continuamente nos bendice
y que ahora no advertimos para agradecer
mientras vamos de camino,
y también aquellos que obtuvimos
por medio de tu poderosa intercesión.
Ponnos en sus manos y bajo el amparo
de su sabia y divina Providencia.

DÍA 2. PROTECTOR DE LA JUVENTUD

Arcángel San Rafael,
acuérdate hoy de los jóvenes
por los que de algún modo tenemos
una mayor responsabilidad y compromiso
de ayudar, acompañar, aconsejar y orar.
Protege también a la juventud entera,
hoy asediada por las fuertes corrientes
con las que el Enemigo, el Diablo,
intenta apartarla del amor de Dios,
confundiendo sus principios morales
e inclinándola hacia la increencia.

DÍA 3. SANTO PATRONO DE LOS VIAJEROS

Arcángel San Rafael,
que no sólo guardaste los pasos de Tobías
sino que los condujiste hacia los dones
con los que Dios quiso bendecirlo
en esta vida. Protege a los viajeros,
guárdalos de todo peligro en el camino,
y que su llegada a sus destinos
les reserven grandes alegrías
por las que puedan glorificar a Dios
y sentir un alivio para cuando también
carguen con las cruces que les esperen.

DÍA 4. SANTO PATRONO DE LOS CIEGOS

Arcángel San Rafael,
junto con Santa Lucía, Santo Patrono
de los afectados de la vista;
guarda nuestros ojos y líbranos
de una ceguera aún mayor:
la de no ver la mano de Dios
en nuestras vidas,
la de no ver el rostro de Cristo
en nuestros hermanos más pobres,
la de sólo ver los bienes presentes
y considerarlos como si fueran eternos.

DÍA 5. SANTO PATRONO DE LOS MÉDICOS

Arcángel San Rafael,
ruega a Dios que premie y bendiga
la labor de los médicos comprometidos
con la mejora de la salud
y la defensa de la vida.
Conforta las almas de aquellos
que velan y guardan nuestros cuerpos,
haznos dóciles a sus indicaciones,
y que nadie se halle privado
de su cuidado y atención.

DÍA 6. SANTO PATRONO DE LOS ESPOSOS

Arcángel San Rafael,
fiel instrumento de la Providencia
que cruzó los caminos de Sara y de Tobías;
ruega a Dios que conceda su fuerza
a los esposos que pasan por dificultades,
caridad a las familias que se hallan
enfrentadas o divididas, y a todos
fidelidad a los compromisos adquiridos
cuando el peso de la vida y de los años
quiera mellar más nuestro amor
que ennoblecerlo como al vino bueno
que mejora con el tiempo.

DÍA 7. SANTO PROTECTOR DE LOS NOVIOS

Arcángel San Rafael,
recuerda a los novios que el noviazgo
encuentra su meta en el Matrimonio,
siendo un tiempo de prueba en castidad
para cerciorarse de la idoneidad
de la persona a la que se ama
para vivir una vida en común
y abierta a la vida. Y ruega a Dios
que no les falten medios ni apoyos
para poder establecerse como familia.

DÍA 8. POR LOS QUE BUSCAN ESPOSO/A

Arcángel San Rafael,
que condujiste los pasos de Tobías
hasta el encuentro con Sara,
a la que liberaste de la maldición
del demonio Asmodeo
que le impedía encontrar un marido
que sobreviviera a la noche de bodas;
ruega a Dios que colme los corazones
de aquellos que buscan un/a esposo/a,
removiendo los obstáculos con los que
el Enemigo impide que respondan
a su llamada en la vocación al matrimonio.

DÍA 9. POR NOSOTROS MISMOS

Bendito Arcángel San Rafael,
porque somos viajeros que vamos de paso
por el camino de la vida;
porque nuestros ojos necesitan sanarse
para ver con mayor claridad
la mano providente de Dios;
porque no sólo guardamos la salud
que hemos de procurar para nuestro cuerpo,
sino que también necesitamos
buscar y hallar la paz y el bienestar
de nuestras almas
mediante el combate diario
con el que quebrar las cadenas
con las que el Enemigo
quiere esclavizarnos...
Acudimos a tu poderoso patrocinio
sobre nosotros y nuestras familias.

Oh, Medicina de Dios,
guárdanos de todo veneno y ponzoña,
y enséñanos a deleitarnos
en el suave aroma que acompaña
el verdadero don de Aquel que nos creó
para compartir con nosotros su Gloria
y hacernos felices por siempre jamás.

CORONILLA DE
SAN RAFAEL

Existen muchas Coronillas a San Rafael,
aunque no todas son católicas, incluso algunas
ofrecen un lenguaje confuso respecto a la Fe
que no serán del agrado de tan fiel Arcángel.
La siguiente Coronilla,
siendo distinta a la del Arcángel San Miguel,
guarda con ella cierta similitud al honrar
a los nueve coros de los ángeles.

+ En el Nombre del Padre... + Del Hijo...
+ Y del Espíritu Santo. Amén.

ACLAMACIÓN INICIAL

Tú eres Rafael, el Sanador;
eres Rafael, el Guía;
eres Rafael el Compañero
que siempre ha permanecido
junto al Ser Humano
en el momento del dolor.

TRES AVEMARÍAS A LA SANTÍSIMA VIRGEN,
REINA DE LOS ÁNGELES:

Dios te salve, María...
Dios te salve, María...
Dios te salve, María...

ACLAMACIONES A DIOS
EN HONOR DE LOS NUEVE COROS
DE LOS ÁNGELES
[Se repite sólo una vez la aclamación
en cada coro, siendo ésta una coronilla breve]

En honor al Coro de los Ángeles:
Santo, Santo, Santo es el Señor,
Dios de los Ejércitos.
¡Los Cielos y la Tierra
están llenos de tu Gloria!
Gloria al Padre, Gloria al Hijo,
y Gloria al Espíritu Santo…

En honor al Coro de los Arcángeles:
Santo, Santo, Santo es el Señor,
Dios de los Ejércitos.
¡Los Cielos y la Tierra
están llenos de tu Gloria!
Gloria al Padre, Gloria al Hijo,
y Gloria al Espíritu Santo…

En honor al Coro de los Tronos:
Santo, Santo, Santo es el Señor,
Dios de los Ejércitos.
¡Los Cielos y la Tierra
están llenos de tu Gloria!

Gloria al Padre, Gloria al Hijo,
y Gloria al Espíritu Santo…

En honor al Coro de las Dominaciones:
Santo, Santo, Santo es el Señor,
Dios de los Ejércitos.
¡Los Cielos y la Tierra
están llenos de tu Gloria!
Gloria al Padre, Gloria al Hijo,
y Gloria al Espíritu Santo…

En honor al Coro de las Virtudes:
Santo, Santo, Santo es el Señor,
Dios de los Ejércitos.
¡Los Cielos y la Tierra
están llenos de tu Gloria!
Gloria al Padre, Gloria al Hijo,
y Gloria al Espíritu Santo…

En honor al Coro de los Principados:
Santo, Santo, Santo es el Señor,
Dios de los Ejércitos.
¡Los Cielos y la Tierra
están llenos de tu Gloria!
Gloria al Padre, Gloria al Hijo,
y Gloria al Espíritu Santo…

En honor al Coro de las Potestades:
Santo, Santo, Santo es el Señor,
Dios de los Ejércitos.
¡Los Cielos y la Tierra
están llenos de tu Gloria!
Gloria al Padre, Gloria al Hijo,
y Gloria al Espíritu Santo...

En honor al Coro de los Querubines
Santo, Santo, Santo es el Señor,
Dios de los Ejércitos.
¡Los Cielos y la Tierra
están llenos de tu Gloria!
Gloria al Padre, Gloria al Hijo,
y Gloria al Espíritu Santo...

En honor al Coro de los Serafines
Santo, Santo, Santo es el Señor,
Dios de los Ejércitos.
¡Los Cielos y la Tierra
están llenos de tu Gloria!
Gloria al Padre, Gloria al Hijo,
y Gloria al Espíritu Santo...

ACLAMACIÓN FINAL:
¤ San Rafael, ángel de la salud,
de la luz, del amor y la alegría.
➤ Ruega por nosotros.

LETANÍAS A SAN RAFAEL

Estas Letanías se rezan habitualmente solas,
sin necesidad de que acompañen a otra oración,
aunque no por un criterio imperado, por lo que,
aunque no haya costumbre consolidada,
pueden acompañar a la Novena y a la Coronilla.
Recuérdese que estas Letanías cuentan con diversas versiones.

† **Señor, ten piedad…** ➤ Señor, ten piedad.
† **Cristo, ten piedad…** ➤ Cristo, ten piedad.
† **Señor, ten piedad…** ➤ Señor, ten piedad.

† **Cristo, óyenos…** ➤ Cristo, óyenos.
† **Cristo, escúchanos…** ➤ Cristo, escúchanos.

† **Dios, Padre celestial…**
➤ Ten misericordia de nosotros.
† **Dios Hijo, Redentor del mundo…**
➤ Ten misericordia de nosotros.
† **Dios Espíritu Santo…**
➤ Ten misericordia de nosotros.
† **Santísima Trinidad, un solo Dios…**
➤ Ten misericordia de nosotros.

¤ **Santa María, Madre de Dios,
y Reina de los Ángeles…**
➤ Ruega por nosotros.

¤ Arcángel San Rafael…
> Ruega por nosotros.
¤ Príncipe de la Corte Celestial…
> Ruega por nosotros.
¤ Medicina de Dios…
> Ruega por nosotros.
¤ Ángel del dolor y la sanación…
> Ruega por nosotros.
¤ Santo Patrono de los médicos…
> Ruega por nosotros.
¤ Santo Patrono de los confesores…
> Ruega por nosotros.
¤ Defensor nuestro frente a los peligros
físicos y espirituales…
> Ruega por nosotros.
¤ Continuador del Gran Combate…
> Ruega por nosotros.
¤ Vencedor del demonio Asmodeo…
> Ruega por nosotros.
¤ Liberador y protector
ante los espíritus íncubos y súcubos…
> Ruega por nosotros.
¤ Instructor en el combate espiritual…
> Ruega por nosotros.
¤ Valor y perseverancia
para las almas atribuladas…
> Ruega por nosotros.

¤ Servidor de las almas tentadas...
> Ruega por nosotros.
¤ Servidor de las almas heridas...
> Ruega por nosotros.
¤ Maestro de discernimiento
y guía espiritual...
> Ruega por nosotros.
¤ Fiel consejero...
> Ruega por nosotros.
¤ Compañero de peregrinos y penitentes...
> Ruega por nosotros.
¤ Tutor de las vocaciones santas...
> Ruega por nosotros.
¤ Protector de los eremitas...
> Ruega por nosotros.
¤ Bienhechor de las almas caritativas...
> Ruega por nosotros.
¤ Cooperador de las buenas obras...
> Ruega por nosotros.
¤ Modelo para los Ángeles Custodios...
> Ruega por nosotros.
¤ Auxilio los que imploran tu asistencia...
> Ruega por nosotros.
¤ Poderoso intercesor ante el Trono de Dios...
> Ruega por nosotros.
¤ Ángel del Amor Divino...
> Ruega por nosotros.

¤ Figura de la Divina Providencia…
> Ruega por nosotros.
¤ Mensajero y portador de felicidad…
> Ruega por nosotros.
¤ Dispensador de la alegría y del gozo
    que provienen del Reino Celestial…
> Ruega por nosotros.
¤ Adorador de Jesús Crucificado.
> Ruega por nosotros.
¤ Ángel de la pureza y de la continencia…
> Ruega por nosotros.
¤ Mediador del matrimonio cristiano…
> Ruega por nosotros.
¤ Protector de las familias…
> Ruega por nosotros.
¤ Arcángel San Rafael,
    bendito seas por tu fidelidad a Dios…
> Ruega por nosotros.

† Cordero de Dios,
    que quitas el pecado del mundo…
> Perdónanos Señor.

† Cordero de Dios,
    que quitas el pecado del mundo…
> Escúchanos Señor.

† Cordero de Dios,
   que quitas el pecado del mundo…
   ➤ Ten misericordia de nosotros.

¤ Ruega por nosotros,
   San Rafael Arcángel…
   ➤ Para que seamos hallados dignos
   de alcanzar las promesas
   de Nuestro Señor Jesucristo. Amén.

Oremos:
Dios y Padre Providente,
que enviaste al Arcángel San Rafael
como compañero de viaje a Tobías;
concédenos, a nosotros tus siervos,
vivir también bajo su protección
y amparados por su asistencia
para vernos libres de todos los peligros
en el camino de la vida.
Te lo pedimos a ti, que vives y reinas
por los siglos de los siglos.
Amén.

¤ Arcángel San Rafael…
   ➤ Ruega por nosotros.

Nuestro libro más querido,
que tanto bien ha hecho ayudando a muchos
a retomar la costumbre de rezar el Santo Rosario
de un modo más ameno y profundo:

SANTO ROSARIO
Con Letanías y textos
para cada día de la semana
y Misterios propios de la
Virgen de Guadalupe

PADRE MANUEL
RIVERA

Libro
CATÓLICO

ORACIONES POR LAS
BENDITAS ÁNIMAS
DEL PURGATORIO
Plegarias, Coronilla, Letanías y Novena
PADRE MANUEL RIVERA · Libro CATÓLICO

ORACIONES A LA
VIRGEN DESATANUDOS
Plegarias, Coronilla, Letanías y Novena
PADRE MANUEL RIVERA · Libro CATÓLICO

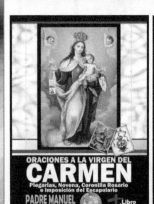

ORACIONES A LA VIRGEN DEL
CARMEN
Plegarias, Novena, Coronilla Rosario
e Imposición del Escapulario
PADRE MANUEL RIVERA · Libro CATÓLICO

ORACIONES AL INMACULADO
CORAZÓN DE MARÍA
Plegarias, Coronilla, Letanías,
Quince Minutos y Novena
PADRE MANUEL RIVERA · Libro CATÓLICO

Y muchos más

Made in the USA
Middletown, DE
20 November 2024

65084474R00071